AF461503

AMADIS DE GRECE,

TRAGEDIE

REPRESENTE'E PAR L'ACADEMIE ROYALE DE MUSIQUE.

A PARIS,
Chez CHRISTOPHE BALLARD, seul Imprimeur du Roy pour la Musique, ruë S. Jean de Beauvais, au Mont Parnasse.

M. DC. XCIX.
AVEC PRIVILEGE DE SA MAJESTE'.

AU ROY.

GRAND ROY, c'est vainement qu'en t'offrant mon Ouvrage,
Tout semble à Te loüer exciter mon courage,
Vainement mon ardeur m'en veut faire une loy,
Ma Plume se refuse à ce pénible employ;
La langue desormais pour aider nôtre zéle,
N'a plus de tour heureux ni de grace nouvelle.

Mille fameux Auteurs à Ta gloire ont écrit;
Si LOUIS a tout fait, Apollon à tout dit.
De Ton Regne naissant, il a dit les miracles;
Ta Valeur toûjours prête à forcer les obstacles;
Cent Peuples en courant subjuguez à la fois,
Mais aussi-tost heureux que soûmis à Tes Loix;
La rebelle Heresie à tes pieds terrassée,
D'un cahos tenebreux Themis débarrassée;
Le Duel sans honneur chassé de tes Etats,
La Noblesse formée à de justes combats;
Les Arts Riches par toy des beautez souveraines
Qu'ils eurent autrefois dans Rome & dans Athenes;
Tous Tes instans marquez par les Vertus d'un Roy,
Et Tes Fils par Tes soins rendus dignes de Toy.
Que ces heureux Sujets ont illustré de Plumes!
Qu'écrire à Ta loüange aprés tant de Volumes?
Non qu'encore aujourd'huy Tes nouvelles Vertus
De nos Ecrits pour Toy n'exigent les tributs.
Cent Travaux tous les jours de nouveau T'éternisent,
La matiére s'accroît; mais les forces s'épuisent,
Et nos Vers dépourvûs de sel & d'agrémens
N'ont pour Tes faits nouveaux que de vieux ornemens.

AU ROY.

L'Art aprés tant d'efforts, impuissant pour Ta Gloire,
Se doit d'un soin si beau reposer sur l'Histoire :
Qu'elle seule Te loüe, & que de mes Ecrits
Tes plaisirs desormais soient l'objet & le prix.

HOUDAR DE LA MOTTE.

ACTEURS
DU PROLOGUE.

IRPHE'E, *Enchanteresse*,

ZIRENE, *Enchanteur*, *Amy de Zirphée*.

TROUPE de Femmes de la suite de Zirphée.

TROUPE de Genies.

TROUPE de Statuës animées.

TROUPE d'Esprits volants.

PROLOGUE.

LE Théatre repreſente un Monument magnifique élevé à la gloire d'Amadis de Grece. Aux côtez d'une Allée de Lauriers on voit des Statuës qui marquent les Vertus de ce Héros. Au milieu eſt un Amphithéatre, ſur lequel s'éleve une Piramide entre quatre Colonnes, dont les Pied'eſtaux ſont ornez de Bas-reliefs, qui repreſentent les Exploits d'Amadis : La Pyramide a de pareils ornements. On y voit de plus le Chiffre d'Amadis entre deux Renommées, & au haut l'ardente Epée, qui étoit la Deviſe de ce Chevalier.

ZIRPHÉE.

TOut célébre icy le courage
D'un Vainqueur dont le Monde admira les Travaux.
Ce Monument eſt un hommage
Que mon Art voulut rendre au plus grãd des Héros :

D'Amadis j'y traçay l'Histoire,
Mais on ne luy doit plus ce Titre glorieux,
Ce sejour n'est plus fait pour annoncer sa gloire,
D'autres Exploits vont embellir ces lieux.

Esprits qui me servez, remplissez mon attente,
Volez, volez de toutes parts,
Effacez les Travaux que ce lieu represente,
Qu'une Histoire plus éclatante
Etonne & charme les regards.
Esprits qui me servez, remplissez mon attente,
Volez, volez de toutes parts.

Plusieurs Esprits volent à l'ordre de Zirphée & viennent changer les Bas-reliefs qui representent les Travaux du Roy au lieu de ceux d'Amadis. Deux Esprits enlevent l'ardente Epée du haut de la Pyramide, & deux autres y viennent poser un Soleil.

ZIRPHE'E.

Que tout icy s'anime, & que tout me réponde.

Toutes les Statuës s'animent, sortent de leurs Attitudes & s'unissent avec Zirphée pour Celebrer la gloire du Roy.

ZIRPHE'E & LE CHOEUR.

Pour chanter ce Vainqueur élevons nos Concerts,
Son Nom remplit la Terre & l'Onde,
Il est l'honneur de l'Univers,
Son Eloge est gravé dans tous les cœurs du Monde.

Des

Des Génies applaudissent au dessein de Zirphée par leurs Danses, & les femmes de sa suite se meslent avec eux.

ZIRENE étonné de la nouvelle histoire que le Monument represente.

Que d'Exploits éclatans s'offrent à mes regards!
Quel Héros sur ses pas enchaisne la Victoire?
Qu'il abat d'Ennemis! qu'il brise de Remparts!
En vain tout l'Univers s'arme contre sa gloire,
Il triomphe de toutes parts.

CHOEUR.

Que d'exploits éclatans s'offrent à nos regards!
Quel Héros sur ses pas enchaisne la Victoire?
Qu'il abat d'Ennemis! qu'il brise de Remparts!
En vain tout l'Univers s'arme contre sa gloire,
Il triomphe de toutes parts.

ZIRPHE'E.

Goûtez, Mortels, une Paix salutaire,
C'est vn Héros qui s'en rend le soûtien,
Vous rendre heureux est sa plus douce affaire;
Il bannit la Guerre,
N'en craignez plus rien,
Il prend le soin du bonheur de la Terre,
Et c'est au Ciel qu'il se remet du sien.

CHOEUR.

Goûtez, Mortels, une Paix salutaire,
C'est un Heros qui s'en rend le soûtien,
Vous rendre heureux est sa plus douce affaire;
Il bannit la Guerre,
N'en craignez plus rien,
Il prend le soin du bonheur de la Terre,
Et c'est au Ciel qu'il se remet du sien.

ZIRPHE'E & ZIRENE.

Ses soins ont ramené le calme sur la Terre;
Que par ses soins il régne à jamais,
S'il est le Héros de la Guerre,
Il est encor le Héros de la Paix.

ZIRPHE'E.

Volez, volez, dans son Empire,
Plaisirs, prevenez tous ses veux,
C'est le plus grand Roy qui respire,
Qu'il soit toujours le plus heureux.

CHOEUR.

Volez, volez, dans son Empire,
Plaisirs, prévenez tous ses vœux,
C'est le plus grand Roy qui respire,
Qu'il soit toujours le plus heureux.

ZIRPHE'E.

Aprés avoir ſervi ſa gloire,
Il faut pour ſes plaiſirs nous unir aujourd'huy,
Qu'un ſpectacle pompeux luy retrace l'Hiſtoire
D'un illuſtre Vainqueur qui ne céde qu'a luy.

Fin du Prologue.

ACTEURS
DE LA TRAGEDIE.

MADIS DE GRECE.

LE PRINCE DE THRACE.

NIQUE'E, *Fille du Soudan de Thébes.*

MELISSE, *Magicienne.*

ZIRPHE'E, *Enchanteresse, Tante de Niquée.*

Troupes de Bergers, de Bergeres & de Pastres.

Un Berger.

Une Bergere.

Un second Berger.

Troupe de Chevaliers & de Princesses enchantées.

Un Chevalier enchanté.

Une Princesse enchantée.

Troupe de Magiciens.

Troupe de Démons.

Troupe de Matelots & de Matelottes.

Un Matelot.

Un second Matelot.

L'Ombre du Prince de Thrace.

Troupe d'Esprits sous la forme de Guerriers.

Autre Troupe d'Esprits sous la forme de divers Peuples.

Autre Troupe d'Esprits sous la forme des Beautez les plus fameuses.

AMADIS DE GRECE,

TRAGEDIE.

ACTE PREMIER.

Le Théatre represente les Jardins de Mélisse, d'où l'on découvre dans le fonds la Tour de Niquée.

La Scene se passe dans la Nuit.

SCENE PREMIERE.

AMADIS, LE PRINCE DE THRACE.

AMADIS.

Pendant que le sommeil ferme icy tous les yeux,
Allons, Prince, marchons, où m'attend la Victoire;
Arrachons-nous aux charmes de ces lieux,
Ils n'ont que trop contraint mon amour & ma gloire.

LE PRINCE DE THRACE.

La Gloire assez long-tems vous a vû sous ses Loix,
Tout vous assure une illustre memoire,
Amadis a luy seul achevé plus d'Exploits,
Que l'avenir n'en pourra croire.

Répondez en ces lieux à de tendres desirs,
Melisse sent pour vous la flame la plus belle;
Mille appas sont icy le fruit de ses soupirs;
Quand son Art à vos yeux rassemble les plaisirs,
C'est son amour qui les appelle.

AMADIS.

Ah! c'est de cet amour que je fais mon tourment.
Quand ce Palais s'offrit a mon passage,
J'allois finir l'enchantement
De la Princesse qui m'engage.

Mélisse par ses soins me retint dans sa Cour,
Je crus que son accüeil naissoit de son estime;
Mais puisqu'il est l'effet de son fatal amour,
Prince, je me ferois un crime
De le nourrir par un plus long séjour.

LE PRINCE DE THRACE.

Pour prix d'une flame si tendre
Vous voulez qu'elle meure & vous l'abandonnez.
Quoy! sa beauté ne peut-elle vous rendre
Tout l'amour que vous luy donnez?

AMADIS.

Tu sçais l'objet à qui je rends les armes,
Et tu peux me vanter de si foibles attraits!
** les yeux qui connoissent ses traits,*
Peuvent-ils trouver d'autres charmes?

* Il luy montre le Portrait de Niquée.

LE PRINCE DE THRACE à part.

Ah! que ce souvenir redouble mes allarmes.

AMADIS.

Déja le bruit de ma valeur
A sçû fléchir pour moy cette auguste Princesse.
Il faut par mille efforts meriter mon bonheur
Et justifier sa tendresse.

Ne tardons plus, assûrons dés ce jour
Et mes plaisirs & ma mémoire.
Qu'il est doux d'accroistre sa gloire.
De ce qu'on fait pour son amour.

LE PRINCE DE THRACE.

Je ne m'oppose plus au soin qui vous agite,
Je combattois en vain un si pressant desir.
Demeurez. Je vais voir pour cacher nôtre fuite
L'endroit que nous devons choisir.

Il sort & va avertir Mélisse.

SCENE DEUXIEME.

AMADIS seul.

O Nuit ! déploye icy tes voiles les plus sombres;
Sommeil, sous tes Pavots assoupi tous les yeux;
Pour fuir de ces funestes lieux
Prêtez-moy le secours du silence & des ombres.
Amour, obtiens pour moy qu'ils remplissent mes vœux;
Mon cœur a droit de le pretendre.
Tu n'as jamais servi de si beaux feux
Ni satisfait d'Amant si tendre.
O nuit ! déploye icy tes voiles les plus sombres;
Sommeil, sous tes Pavots assoupi tous les yeux;
Pour fuir de ces funestes lieux.
Prêtez moy le secours du silence & des ombres.

La nuit se dissipe, une clarté magique éclaire les Jardins; il y naît des Berceaux, & des Fontaines, & une Troupe champêtre suscitée par Mélisse, vient s'opposer au depart d'Amadis.

Que voy-je ! quel prodige ! ô Cieux !
A quel Astre la nuit céde-t-elle ces lieux?
D'où vient qu'une Beauté nouvelle
Eclate icy de toutes parts?
Quel spectacle ! qui vous appelle?
Et quel enchantement vous offre à mes regards?

SCENE TROISIE'ME.

AMADIS

Troupe de Bergers, de Bergeres, & de Pastres.

Un BERGER.

AVec l'amour tout peut nous plaire,
Rien n'est charmant sans son secours:
Il est le seul qui sçait nous faire
D'aimables lieux & de beaux jours.

CHOEUR.

Cédez à nos Chansons, cédez à nos Musettes,
Joüissez en ces lieux des charmes les plus doux,
Les oyseaux, les échos de ces belles retraites,
Pour vous y retenir s'unissent avec nous.

Deux BERGERS.

Tout doit icy fléchir un cœur sauvage,
Nos bois charmans
Sont faits pour les amans.
Ils sont toujours
Parez d'un vert feüillage:
Ah! que leur ombrage
Est d'un doux secours.
Que de beaux jours,
L'Amour nous y prépare,

Heureux qui s'égare
Dans leurs beaux détours:
Heureux qui s'égare
Avec les amours.

Un BERGER.

L'amour eſt pour le bel âge;
Le plus tendre eſt le plus ſage:
L'amour eſt pour le bel âge,
Livrons-nous à ſes langueurs.

LE CHOEUR.

L'amour eſt pour le bel âge;
Le plus tendre eſt le plus ſage:
L'amour eſt pour le bel age,
Livrons-nous à ſes langueurs.

LE BERGER.

Il ſe plaiſt dans nos bocages
Pour bleſſer les cœurs ſauvages,
Il ſe cache ſous les fleurs:
L'amour eſt pour le bel âge;
Le plus tendre eſt le plus ſage:
L'amour eſt pour le bel âge,
Livrons-nous à ſes langueurs.

LE CHOEUR.

L'amour eſt pour le bel âge,
Le plus tendre eſt le plus ſage:
L'amour eſt pour le bel age,
Livrons-nous à ſes langueurs.
Trop heureux ceux qu'il engage,
L'amour eſt un eſclavage,
Mais ſes fers ont des douceurs.

Une BERGERE.

Aimons tous dans la jeuneſſe,
Eh! que faire ſans tendreſſe!
Aimons tous dans la jeuneſſe,
L'amour eſt le bien des cœurs.

LE CHOEUR.

Aimons tous dans la jeuneſſe,
Eh! que faire ſans tendreſſe!
Aimons tous dans la jeuneſſe,
L'amour eſt le bien des cœurs.

LA BERGERE.

Chaque tems a ſa ſageſſe,
Attendons que la vieilleſſe
Vienne éteindre nos ardeurs.

Aimons tous dans la jeunesse,
Eh! que faire sans tendresse!
Aimons tous dans la jeunesse,
L'amour est le bien des cœurs.

LE CHOEUR.

Aimons tous dans la jeunesse,
Eh! que faire sans tendresse!
Aimons tous dans la jeunesse,
L'amour est le bien des cœurs.
Qu'avec nous il soit sans cesse,
Il nous plaist quand il nous blesse,
Tous ses coups sont des faveurs.

AMADIS,

Cessez cette importune feste,
C'est vainement qu'en ces lieux on m'arreste.

SCENE QUATRIE'ME.

AMADIS, MELISSE, LE PRINCE de Thrace.

MELISSE.

Quoy, tout trompera mon espoir?
Amadis, se peut-il que rien ne vous fléchisse?
Ah! du moins, si sur vous leur voix est sans pouvoir,
Cedez à celle de Melisse.

AMADIS.

Ce n'est qu'à la voix du devoir
Qu'il faut qu'un grand cœur obéisse.

MELISSE.

C'en est donc fait, tu pars, tu braves ma douleur,
Je n'ay pour t'arrester que d'inutiles charmes;
Ingrat, mets-tu ta gloire à mépriser mes larmes?
Ton bonheur dépend-t'il de me percer le cœur?
Ah! plus je m'attendris, moins je te vois sensible,
Tu détourne les yeux, & déja tu me fuis.
Tu te fais un suplice horrible
D'estre encor aux lieux où je suis.

AMADIS.

Melisse, ce n'est qu'à la gloire......

MELISSE.

Non, non, ne poursuit pas ce langage odieux,
Je sçais trop ce que je dois croire,
L'amour, le seul amour, t'arrache de ces lieux;

L'image de Niquée a porté dans ton ame
Des feux dont tu fais ton bonheur......

Son nom même, son nom vient d'emouvoir ton cœur,
Et tes yeux trahissent ta flame.

AMADIS.

Pourquoy voulez-vous m'engager
Quand je suis sous les loix d'un autre?
Un cœur capable de changer
Ne seroit pas digne du vôtre.

MELISSE.

Quoy! cruel, c'est donc peu de le voir dans tes yeux!
Tu m'oses faire encor un aveu si funeste.
Je ne t'ay donc offert qu'un amour odieux
Et qu'un cœur que le tien déteste?

En vain j'ay rassemblé les plaisirs & les jeux,
En vain j'ay de mon Art épuisé la puissance;
Pour toy tout devenoit affreux,
Par mes soûpirs & ma présence.

C'en est trop le dépit succéde à mon transport.
Je ne te retiens plus, tu peux partir..... barbare,
Va braver les perils que le sort te prépare,
Cours, vole à ta Princesse, ou plûtost à la mort.....
A la mort! Quoy, ton cœur la préfere à Melisse?
Tu me quittes pour la chercher?
Mon desespoir, mes pleurs, n'ont rien qui t'attendrisse.

AMADIS.

Il ne m'est pas permis de m'en laisser toucher.

MELISSE.

Suis-donc, cruel, une gloire fatale,
Va perir pour d'autres appas.

Que des monstres sur toy, la rage se signale,
Que cent Geans affreux te livrent cent combats,
Et qu'un gouffre de flame achevant ton trépas,
Te vomisse expirant aux pieds de ma Rivale.

AMADIS.

O Ciel! peut-on former des vœux si pleins d'horreur:
Ah! fuyons, ma presence irrite sa fureur.

SCENE CINQUIE'ME.

MELISSE, seule.

Le cruel m'abandonne, il fuit, il me déteste,
Dieux! quel supplice il me fait éprouver!
Je luy parois un objet plus funeste,
Que les monstres qu'il va braver.
Eh bien, ingrat, céde au feu qui t'entraîne,
Poursuis tes amoureux projets;
Mais en vain ta valeur te répond du succés,
Tu t'es flatté d'une esperance vaine,
Les Monstres, les Geans peuvent estre défaits;
Mais tu ne peux vaincre ma haine.

Fin du premier Acte.

ACTE II.

ACTE II.

Le Théatre represente le Perron enflâmé qui deffendoit la Gloire de Niquée.

SCENE PREMIERE.

AMADIS, LE PRINCE DE THRACE.

AMADIS.

Ces feux excitent mon courage,
C'est le dernier peril qu'il me reste à tenter,
Cent monstres vainement m'on opposé leur rage,
Tu me les as vus surmonter;
Et je me suis fait un passage
Teint du sang des Geans qui vouloient m'arrester.

Mais qu'annoncent ces mots? il faut nous en instruire,
Hastons-nous de les lire,

LE PRINCE DE THRACE lit ces mots, qui sont écrits sur le Perron.

Un seul peut passer dans ces feux,
Un seul doit y trouver une gloire immortelle;
C'est l'Amant le plus genereux,
Et le Heros le plus fidelle.

AMADIS.

Ah! je connois icy ma flame & ma valeur,
Le sort va remplir sa promesse;
Non, je n'en doute plus, je touche a mon bonheur,
Je suis prest de voir ma Princesse,
Mille secrets plaisirs l'annoncent à mon cœur.

Au Prince de Thrace.

Cher Prince, sois heureux autant que je vais l'estre,
Puisse le Ciel combler tout tes desirs;
Ce n'est plus que par tes plaisirs,
Que les miens pourront croistre.

Il s'avance pour traverser les flâmes.

LE PRINCE DE THRACE.

Arreste, & connois-moy.

AMADIS.

Qu'entends-je? je fremy.

LE PRINCE DE THRACE.

J'oppose encor ce bras à ton audace
Combats dans le Prince de Thrace,
Ton Rival & ton ennemy.

AMADIS.

Ciel!

LE PRINCE DE THRACE.

Plus charmé que toy des trais de ta Princesse,
Et reduit par son choix à n'en esperer rien,
Je voulois troubler ta tendresse,
Tout mon bonheur estoit de traverser le tien.

Pour te retenir chez Mélisse
De ton départ j'ay couru l'avertir:
Mes soins ont esté vains, tu trouves tout propice,
Moy seul à ton bon-heur je ne puis consentir.
C'est pour moy le dernier suplice,
Ton trépas ou le mien sçaura m'en garentir.

AMADIS.

Traistre, perfide Amy, quelle rage te guide!

LE PRINCE DE THRACE.

Ah! ne m'accable point de ces noms rigoureux,
Nos vertus dépendoient du succés de nos vœux,
Et tu serois l'Amy perfide,
Si tu n'estois l'Amant heureux.

AMADIS.

En vain tu prodigues ta vie,
Ton sang me fut trop cher pour y tremper mes mains;
Je veux punir ta perfidie
En te forçant de voir le bonheur que tu crains.

Il traverse les flâmes.

SCENE DEUXIE'ME.

LE PRINCE DE THRACE.

IL m'échape, il brave ma rage;
Allons, il faut le suivre au milieu de ces feux;
Mais quel pouvoir secret m'en deffend le passage!
Tout se brise... ô destin, faut-il le voir heureux?
Melisse, c'est à toy de vanger nostre outrage.

Il sort & va implorer le secours de Mélisse.

Le Perron enflâmé se brise au bruit du tonnerre, & laisse voir la Gloire de Niquée, où elle paroist sous un Pavillon magnifique, au milieu de Chevaliers & de Princesses enchantées avec elle.

SCENE TROISIE'ME.

AMADIS NIQUE'E, Troupe de Chevaliers & de Princesses enchantées.

NIQUE'E descend de son Trône.

QU'entends-je? de quel bruit ont retenty ces lieux?
Ciel! est-ce mon Héros qui paroist à mes yeux?

AMADIS.

Que d'attraits, quelle gloire extréme!
Princesse, que mon cœur éprouve un sort charmant
Quand je romps vostre enchantement,
Je demeure enchanté moy-mesme.

Un prix trop éclatant couronne mes exploits,
Je vous vois, je vous aime, & je puis vous le dire;
Non, pour tous les transports que je sens à la fois
Tout mon cœur ne sçauroit suffire.

NIQUE'E.

Qu'il m'est doux d'enflamer d'une si vive ardeur
Un Héros pour qui la Victoire.....
Mais, n'est-ce point un songe, estes-vous ce vainqueur,
Vois-je cet Amadis si chery de la Gloire?

Helas! tout m'engage à le croire,
Vos exploits, mes yeux & mon cœur.

Qu'ay-je dit? où m'emporte un excés de tendresse?

AMADIS.

Craignez-vous de me faire un aveu trop charmant.

NIQUE'E.

Non, vous sçavez trop ma foiblesse,
Je la cacherois vainement.

Mais pourquoy mon amour craindroit-il de paroître,
Dois-je rougir des trais dont je me sens blesser?
La Gloire helas! peut-elle s'offencer
D'une flâme qu'elle a fait naistre.

AMADIS.

Ah! j'éprouve en cet instant même
Le moment le plus doux de mon plus heureux jour;
Vous m'aimez, ma gloire est extrême,
Et mon bonheur égale mon amour.

NIQUE'E.

L'éclat de vos vertus & celuy de vos armes
Engageoient le Ciel mesme à couronner vos vœux,
Que ne redouble-t'il mes charmes
Pour vous rendre encor plus heureux.

NIQUE'E & AMADIS.

Cedons-nous l'un à l'autre une douce victoire,
Unissons à jamais nos cœurs & nos desirs;
Vostre estime est toute ma gloire,
Et vostre amour tous mes plaisirs.

NIQUE'E.

Témoins d'une si belle flâme,
Vous qu'avec moy Zirphée enchanta dans ces lieux;
Par les Chans & les Sons les plus harmonieux
Celebrez l'ardeur de nostre ame.

Les Chevaliers & les Princesses de diverses Nations qui estoient enchantées avec Niquée celebrent son bonheur & la gloire d'Amadis.

Un CHEVALIER enchanté.

Chantons une beauté qui charme tous les cœurs,
Offrons à ses desirs la plus galante feste;
Ses attraits ont fait la conqueste
Du Vainqueur des Vainqueurs.

CHOEUR.

Chantons sa Victoire,
Celebrons sa Gloire.

Une PRINCESSE enchantée.

Celebrons Amadis & r'animons nos voix,
Son bras & ses vertus forcent tout à se rendre,
Les charmes les plus doux & le cœur le plus tendre,
Sont l'heureux prix de ses Exploits.

CHOEUR.

Chantons sa Victoire,
Celebrons sa Gloire.

Une PRINCESSE enchantée.

Suivons un doux penchant, formons d'aimables nœuds,
Pourquoy passer nos jours à nous contraindre,
Quand l'amour dans nos cœurs vient allumer ses feux,
Rien ne doit les éteindre,
Les maux qu'on en peut craindre
Sont doux à souffrir,
Loin de nous en plaindre,
Craignons d'en guérir.

SECOND COUPLET.

Rendons-nous à l'amour, il doit combler nos vœux,
N'en craignons point les soins ni les allarmes,

Luy

Luy ſeul nous rend heureux ;
Pour les cœurs amoureux
Tout eſt doux juſqu'aux larmes :
Amour, nos cœurs s'empreſſent
De ſentir tes coups,
Plus tes traits nous bleſſent,
Plus ils ſemblent doux.

Un nuage qui avance ſur le Théatre s'ouvre & fait voir Meliſſe ſur un Dragon.

SCENE QUATRIE'ME.

AMADIS, NIQUE'E, MELISSE.

MELISSE.

TRemble, Amadis, tu vois ce qui m'ameine,
Ma présence t'annonce un ſupplice fatal.
Démons, venez ſervir ma haine,
Transportez ſon Amante, où l'attend ſon Rival.

Des Démons enlevent Niquée.

AMADIS.

Ah! Ciel.

MELISSE.

Que la fureur, que la rage inhumaine
Détruiſent ce Palais trop cher à tes deſirs.
Va, porte en d'autres lieux tes cris & tes ſoûpirs,
Que ton heureux Rival joüiſſe de ta peine,
Et que ton deſeſpoir croiſſe par ſes plaiſirs.

AMADIS à Meliſſe qui part.

Arreſte, implacable furie,
O Dieux, me livrez-vous à cette barbarie!

Fin du ſecond Acte.

ACTE III.

Le Théatre repreſente une Plaine, coupée de quelques ruiſſeaux, & au milieu la Fontaine de la Verité d'Amour, ornée de colonnes & de Statuës.

SCENE PREMIERE

AMADIS.

QUe deviens-je ! où m'emporte un deſeſpoir affreux !
Je traverſe au hazard les Foreſts & les Plaines,
Je fais tout retentir de mes cris douloureux,
Et par tout mes plaintes ſont vaines.

Il s'appuye ſur un arbre, & le murmure des ruiſſeaux le tire de ſon abb ɔtement.

Vous, dont le bruit se mêle à mes tristes accents,
Coulez, charmans ruisseaux, répondez-moy sans cesse,
Murmurez avec moy des maux que je ressens.
Helas! on m'a ravy l'objet de ma tendresse;
D'inutiles soûpirs, des regrets impuissans,
Sont l'unique bien qu'on me laisse:
Vous, dont le bruit se mêle à mes tristes accents,
Coulez, charmans ruisseaux, répondez-moy sans cesse,
Murmurez avec moy des maux que je ressens.

Mais quoy! je reconnois cette Grotte enchantée,
Ses Eaux de leur destin instruisent les Amans.
Il faut que mon ame agitée
Y trouve du secours, ou de nouveaux tourmens.

Il regarde dans la Fontaine.

Que vois-je! ô coup mortel! Puis-je en douter encore?
Mon Rival aux genoux de l'objet que j'adore!
Tous deux semblent contens. Est-il possible, ô Cieux!
Ah! la parjure! ah! l'infidelle!
Helas! il est trop vray... Je le vois à ses yeux:
La perfide luy jure une ardeur éternelle.

O sort, je puis enfin défier ton couroux;
Voilà le dernier de tes coups.

Il tombe évanoüy sur un gazon.

SCENE DEUXIE'ME.

AMADIS, MELISSE.

MELISSE, s'approche d'Amadis.

EH bien, es-tu contente, inhumaine Melisse?
Son cœur d'assez de maux se sent-il déchirer?
Cruelle, assouvi-toy de son dernier supplice,
Soule-toy du plaisir de le voir expirer.

Quoy? puis-je vouloir qu'il expire?
Non, non, le mesme coup me raviroit le jour:
Helas! plus je le vois & plus mon cœur soûpire:
Ciel! tout mourant qu'il est, qu'il m'inspire d'amour!

Qu'il vive. Opposons-nous à sa langueur mortelle.
Amadis, Amadis, vivez, c'est trop souffrir;
Reconnoissez la voix qui vous appelle
Cher Prince

AMADIS entr'ouvrant les yeux.

Ah! laissez-moy mourir.

MELISSE.

Pour un indigne cœur, faut-il tant s'attendrir?
Vôtre Princesse est infidelle.
Vivez:

AMADIS.

Non, laissez-moy mourir.

MELISSE.

Quoy? vous ne perdrez point cette cruelle envie?
Vous verrez sans pitié mes soûpirs & mes pleurs?
Helas! si vous mourrez, je meurs:
Voulez-vous m'arracher la vie.

AMADIS se leve, sans penser à Melisse.

Malheureux, n'est-ce point quelque charme trompeur?
Mes yeux l'ont ils bien vû.... quelle foiblesse extrême,
Lasche, pour tromper ma douleur
Je cherche à m'abuser moy-mesme.

Quoy? cet objet de mon amour
Pour qui je fus rebelle à tous les autres charmes,
Luy, pour qui Melisse en ce jour
Ma vû braver sa fureur & ses larmes.

MELISSE.

Le cruel! il m'outrage, & sçait que je l'entends.

AMADIS continuë, sans penser à elle.

Ce cœur dont j'attendois le bonheur de ma vie
Me livre aux plus cruels tourmens;

Le mesme jour, témoin de ses sermens,
L'est aussi de sa perfidie.

Et je vis ! ma douleur n'a pas tranché mes jours !
Il faut donc de ce fer emprunter le secours.

Il tire son épée pour s'en fraper Melisse s'en saisit.

MELISSE.

Arrestez, Amadis.

AMADIS.

Ah ! barbare Melisse :
N'est-ce donc pas assez des maux que j'ay soufferts ?
Mes tourmens vous sont ils si chers
Pour ne pouvoir souffrir que la mort les finisse ?

MELISSE.

Ne peux-tu sans mourir terminer ton supplice ?

Consens à de nouveaux soûpirs :
N'aime plus qui te hait, & ne hais plus qui t'aime ;
Mes soins préviendront tes desirs,
J'en feray mon bonheur suprême,
Mon amour sur tes pas conduira les plaisirs,
C'est assez qu'avec eux tu me souffres moy-mesme.

AMADIS.

Non, non, vos vœux offerts, & les miens méprisez
Ne me rendront point infidelle.

Gardez ces vains plaisirs que vous me proposez ;
Je ne veux rien de vous, cruelle,
Que le trépas que vous me refusez.

MELISSE.

Quoy ? toûjours charmé d'une ingrate,
Les injustes mépris ne cesseront jamais.

AMADIS.

En vain sa perfidie éclatte,
Je l'aime encore autant que je vous hais.

Vous me l'avez ravy cet objet que j'adore ;
Vous avez servy mon Rival ;
Sans vous, sans ce secours fatal,
L'ingrate m'aimeroit encore.

Je ne puis trop vous détester,
Tous mes malheurs sont vostre ouvrage.
Inhumaine achevez.... qui peut vous arrester,
N'osez-vous dans mon sang consommer vostre rage ?
Je voudrois pour vous irriter
Pouvoir vous faire encor quelque nouvel outrage :
Frapez, vous devez vous haster,
Je sens qu'à chaque instant je vous hais d'avantage,

MELISSE.

MELISSE.

Je céde enfin, c'eſt trop ſouffrir,
Mon cœur à ſa rage ſe livre;
Mais, n'eſpere pas de mourir,
Cruel, dans les tourmens je veux te faire vivre.
Que l'horreur regne en ces deſerts,
Qu'il devienne pour luy l'image des enfers.

Des Démons volans briſent les ornemens de la Fontaine, ils déracinent les Arbres, & renverſent les Rochers; l'Amour effrayé s'envole, & le Théatre ſe change en un Enfer.

MELISSE.

Et vous de mes fureurs, Miniſtres redoutables,
Accourez, accourez; venez ſervir mes vœux.

Des Magiciens viennent à la voix de Meliſſe, & ſe préparent à ſervir ſa fureur.

MELISSE.

Faites naiſtre en ces lieux des Monſtres effroyables,
Qu'on n'y reſpire que des feux.

Il ſort des Monſtres du ſein de la terre, & il tombe une pluye de feu.

MELISSE.

Qu'on ne puiſſe inventer des horreurs comparables,
Et que l'Enfer ſoit moins affreux.

CHOEUR.

Nous sommes prests à servir ta fureur
Exerçons à ses yeux un funeste ravage,
Que le Barbare apprenne à redouter ta rage,
Jettons dans ses esprits l'épouvante & l'horreur.

Les Monstres & les Démons s'unissent pour le supplice d'Amadis.

CHOEUR de Magiciens.

Tremble, Amadis, crains la mort, crains les fers,
Cet émbrazement, ce ravage,
Les rochers renversez, les abîmes ouverts,
Sont les essais de nostre rage.

AMADIS.

A quoy par ces horreurs pensez-vous me contraindre?
Amadis peut mourir, mais il ne sçauroit craindre.

MELISSE.

Cessez, il doit sentir de plus vives douleurs,
Je luy reserve une autre peine.
Qu'il aille en mon Palais éprouver les malheurs
Qu'il vient de voir dans la Fontaine,
Son desespoir au mien ne sçauroit estre égal,
S'il ne voit sa Princesse adorer son Rival.

Fin du troisiéme Acte.

ACTE IV.

Le Théatre represente un endroit du Palais de Melisse borné de la Mer.

SCENE PREMIE'RE.

MELISSE, LE PRINCE DE THRACE.

LE PRINCE DE THRACE.

Je parois, Amadis, aux yeux de la Princesse,
Elle me jure une fidelle ardeur.
Mais c'est à mon Rival que son serment s'adresse,
Et vous trompez ses yeux sans seduire son cœur.

Que me sert ce secours, elle est toûjours la mesme.
Rien ne brise le nœud que son cœur a formé.
Plus elle assûre qu'elle m'aime,
Plus je connois qu'Amadis est aimé,

MELISSE.

C'est pour vostre Rival une tendresse vaine,
Vous l'empeschez d'en goûter les appas ;
Faites vos plaisirs de sa peine,
Vous estes trop heureux de ce qu'il ne l'est pas.
Demeurez en ces lieux, attendez la Princesse,
Je veux rendre Amadis témoin de vos discours
Pour voir l'ingrat sensible à ma tendresse,
Il faut de son dépit emprunter le secours.

LE PRINCE DE THRACE.

Quoy ? devant la Princesse Amadis va paroistre ?

MELISSE.

Ne craignez rien, ses yeux doivent le méconnoistre.

SCENE DEUXIE'ME.

LE PRINCE DE THRACE.

HElas ! rien n'adoucit l'excés de mon malheur.

Vous, flots impetueux qui battez ce rivage,
Non, jamais les vents en fureur
N'ont excité sur vous un plus affreux orage,
Que celuy qui trouble mon cœur.
Je me sens penetré d'une secrette horreur,
Tout l'accroist, rien ne la soulage ;
Je trahis mon amy sans servir mon ardeur ;
Mon innocence & mon bonheur
Ont fait ensemble un funeste naufrage.

Vous, flots impetueux qui battez ce rivage,
Non, jamais les vents en fureur
N'ont excité sur vous un plus affreux orage,
Que celuy qui trouble mon cœur.

Il faut sortir de ce trouble fatal
Par le trépas de mon Rival.
On vient ; La Princesse s'avance,
Contraignons-nous en sa presence.

SCENE TROISIE'ME.

LE PRINCE DE THRACE, NIQUE'E qui prend le Prince de Thrace pour Amadis.

NIQUE'E.

AMadis, tout nous rit en ce charmant séjour,
Melisse céde à nostre amour;
En faveur de nos feux, elle a vaincu sa haine.
Une nouvelle feste, en ces lieux, dans ce jour,
Va par son ordre encor celebrer nostre chaisne.
Bien-tost un doux Himen comblera nos desirs....
Mais cet air interdit m'apprend que je m'abuse;
Quoy! tout conspire à nos plaisirs,
Et vostre cœur seul s'y refuse?

LE PRINCE DE THRACE.

Ah! mon trouble est l'effet de l'excés de mes feux,
Si je vous aimois moins, je serois plus heureux.

NIQUE'E.

O Ciel! que dites-vous? ma surprise est extrême,
Puis-je entendre ces mots d'une bouche que j'aime!

Eſt-ce ainſi qu'on doit s'enflâmer?
Un cœur vraiment touché, cherit ſon eſclavage,
Le mien, en vous aimant, autant qu'il peut aimer,
Voudroit encor vous aimer davantage.

LE PRINCE DE THRACE.

Non, voſtre cœur pour moy, n'eſt pas aſſez épris.
La gloire ſeule allume voſtre flâme.
Vous cédez à l'éclat du grand Nom d'Amadis.
Plûtoſt qu'à l'ardeur de mon ame.

NIQUE'E.

Je n'entends rien à ce détour;
Mais tout m'eſt cher en vous, & la gloire & l'amour.
Promettons-nous cent fois la plus vive tendreſſe;
Que rien n'en finiſſe le cours.
Le plus doux des plaiſirs eſt de s'aimer ſans ceſſe.
Et de ſe le dire toûjours.

Ce Concert nous annonce une Feſte Galante,
Voyons les Jeux qu'on nous preſente.

SCENE QUATRIE'ME.

NIQUE'E, LE PRINCE DE THRACE, MELISSE.

Une Troupe de Matelots vient par l'ordre de Melisse executer les Jeux qu'elle a fait preparer.

LE CONDUCTEUR de la Feste.

Goûtez, malgré les vents, la plus charmante paix,
Ne craignez plus le naufrage,
Vivez heureux, triomphez à jamais
Des écüeils & de l'orage.

CHOEUR.

Goûtez, malgré les vents, la plus charmante paix,
Ne craignez plus le naufrage,
Vivez heureux, triomphez à jamais
Des écüeils & de l'orage.

Un MATELOT.

Le vent nous appelle,
La Saison est belle,
Il faut s'embarquer.

CHOEUR.

CHOEUR.

Le vent nous appelle,
La Saison est belle,
Il faut s'embarquer.

Le MATELOT.

Pourquoy se deffendre
D'un commerce tendre,
C'est perdre, qu'attendre;
Que pouvons-nous risquer.
Le vent nous appelle,
La Saison est belle,
Il faut s'embarquer.

CHOEUR.

Le vent nous appelle,
La Saison est belle,
Il faut s'embarquer.

Le MATELOT.

Sans verser des larmes,
Ni souffrir d'allarmes,
Un port plein de charmes
Ne peut nous manquer,
Quand un cœur s'engage
Au temps du bel âge,
Les vents ni l'orage,
N'osent l'attaquer.

Le vent nous appelle,
La Saison est belle,
Il faut s'embarquer.

CHOEUR.

Le vent nous appelle,
La Saison est belle,
Il faut s'embarquer.

Pendant la Feste, le Prince de Thrace apperçoit Amadis, & sort pour le combatre.

NIQUE'E.

Le chercheray-je en vain, que faut-il que je pense,
Qui peut me ravir sa presence.

Cessez, Jeux importuns, d'animer nos desirs,
Vous ne sçauriez calmer l'ennuy qui me devore,
C'est dans les yeux du Héros que j'adore,
Que mon cœur cherche ses plaisirs.

SCENE CINQUIE'ME.

MELISSE, NIQUE'E.

MELISSE.

Qu'ai-je vû, Dieux cruels!

NIQUE'E.

De quoy dois-je vous plaindre.

MELISSE.

Apprend tout, je ne veux plus feindre.

Sous les traits d'Amadis, je t'offrois son Rival,
Ton cœur luy promettoit d'éternelles tendresses,
Je rendois Amadis témoin de tes promesses;
Helas! j'en esperois un succés moins fatal.

NIQUE'E.

Quoy!

MELISSE.

Le Prince n'a pû soûtenir sa présence,
Je l'ay vû d'Amadis défier le couroux;
Mais Amadis d'un fer qu'a saisi sa vengeance.
L'a fait en combattant expirer sous ses coups.

NIQUE'E.

Pourquoy me trompiez-vous par cette ressemblance.

MELISSE.

Va, ne crains plus d'erreur, tu vas voir ton Amant,
Mais tu ne le verras que pour voir son tourment.

Fin du quatriéme Acte.

ACTE V.

Le Théatre represente un Antre affreux, destiné aux enchantemens de Melisse.

SCENE PREMIERE.

MELISSE.

Dieux ! quelle horreur s'empare de mon ame !
Cruelle, dans quel ſang veux-je éteindre ma flame !

Mais l'Ingrat m'y contraint, rien ne peut l'attendrir,
Plus je l'adore & plus il me déteſte.
Ah ! joüiſſons du moins de la douceur funeſte
De m'en vanger & de mourir.

On m'ameine Amadis, & l'objet qui l'engage:
Amour, ſors de mon cœur & laiſſe agir ma rage.

SCENE DEUXIE'ME.

MELISSE, AMADIS enchaîné, NIQUE'E enchaînée.

NIQUE'E.

Ciel! sur qui sa fureur va-t'elle s'exercer?

AMADIS.

Epuisez sur moy seul vostre haîne implacable.

TOUS DEUX.

Si nostre amour a pû vous offencer,
Ne frapez que mon cœur, il est le plus coupable.

MELISSE levant le bras sur Amadis.

Barbare, c'est par toy que je vais commencer.

NIQUE'E s'évanoüit.

Ah Ciel!

MELISSE.

Mais d'où me vient cette pitié soudaine?
Par quel charme mon bras se sent-il arrester?
Ah! ma flâme est encor plus forte que ma haine,
Et je sens tous les coups que je te veux porter.

AMADIS.

Helas! de quoy me sert la pitié qui vous presse,
Quand je tremble pour ma Princesse.
Ah! voyez de quels maux elle sent la rigueur.

MELISSE.

Quoy! peux-tu te flatter que son sort m'attendrisse?
Non, tu la plains, sa mort va faire ton suplice,
Je veux te frapper dans son cœur.

AMADIS.

Juste Ciel!

MELISSE.

Mais c'est peu pour vanger ma tendresse,
Je te veux avec elle enchanter en ces lieux.
Tu la verras mourir sans cesse,
Et le sang ruisselant du sein de ta Princesse,
Sera l'unique objet qui frapera tes yeux.

AMADIS.

Qu'entends-je! ô Ciel: quelle furie!
Dieux, qui voyez ces projets inhumains,
Protégez-vous la barbarie?
Que sert la foudre dans vos mains?
Ah prévenez la cruelle Melisse!
N'attendez pas l'effet de son couroux,
Que vos Foudres vangeurs l'écrasent sous leurs coups,
Ou que la Terre l'engloutisse....
Que dis-je malheureux! j'anime ses fureurs.

Ah! je tombe à vos pieds, rendez-vous à mes pleurs,
Cédez à nostre amour, & surmontez le vostre.
Quoy! voulez-vous punir nos cœurs
D'avoir esté faits l'un pour l'autre.

MELISSE.

Tes pleurs & tes ſoupirs ſont vains
Cruel, ils m'outragent encore.

AMADIS, en ſe relevant.

O Mort! arrache-moy de ſes barbares mains;
Ce n'eſt plus que toy que j'implore.

Il s'abandonne à ſon deſeſpoir & s'appuye contre un Rocher.

MELISSE.

Manes de ſon Rival, Prince trop malheureux,
Obéïs à ma voix, ſors du Royaume ſombre;
Pour un enchantement affreux,
Mon Art attend le ſecours de ton ombre:
Viens, te joindre avec moy pour contraindre le ſort
A ſervir ma fureur extrême;
Hâte-toy, ſors des lieux où t'enchaîne la Mort,
Et viens m'aider à te vanger toy-même.
Manes de ſon Rival, Prince trop malheureux,
Obéïs à ma voix, ſors du Royaume ſombre;
Pour un enchantement affreux,
Mon Art attend le ſecours de ton ombre.

Une noire vapeur s'éléve dans les Airs;
L'Ombre vient ſeconder ma rage.

SCENE TROISIE'ME.

L'Ombre du Prince de Thrace.

Acteurs de la Scene précedente.

L'OMBRE.

TEs cris ont pénétré jusqu'au sombre rivage,
Et je sors malgré moy du séjour des Enfers.

Les Dieux vangeurs de l'injustice
Protégent contre toy ces fideles Amans,
Et m'imposent pour mon suplice
De venir t'annoncer la fin de leurs tourmens.

Il disparoist.

SCENE QUATRIE'ME.

MELISSE, AMADIS, NIQUE'E qui a repris ses esprits.

MELISSE.

O Ciel! injuste Ciel! barbare violence.
Quoy? je ne puis punir des mépris odieux.
Est-ce donc pour vous seuls, impitoyables Dieux!
Que vous reservez la vengeance?

Non,

Non, non, malgré vostre secours
Il faut que ma Rivale expire....

Elle veut avancer vers Niquée, & se sent arrester.

Mais je le veux en vain... vous defendez ses jours.
Le Ciel & les Enfers, contre moy tout conspire.

Je vous entens, grands Dieux, il faut finir mon sort,
Et l'Arrest de sa vie est l'Arrest de ma mort.

Elle se frape.

C'en est fait, Amadis, ta flâme est triomphante;
Ton Ennemie expire ou plûtôt ton Amante.
Mais toy, ne me hais plus, pardonne à ma fureur
Les maux que je t'ay voulu faire......
Helas! tu t'attendris, tu me vois sans horreur,
Voilà le seul état où je pouvois te plaire,
C'estoit ton unique desir......
Mais je m'affoiblis, je chancelle,
Un froid mortel vient me saisir,
Trop heureuse en tombant dans la nuit éternelle,
Si ma mort t'arrache un soûpir.

NIQUE'E

Que je la plains!

AMADIS.

Que son sort est tragique!

TOUS DEUX.

Mais, quel éclat! quels Sons harmonieux!
Qui peut changer ces tristes lieux
En un sejour si magnifique?

L'Antre se change en un Palais éclatant, & Zirphée paroist sur un nuage.

NIQUE'E.

Que vois-je? est-ce Zirphée, en croiray-je mes yeux?

SCENE CINQUIE'ME.

ZIRPH'EE, AMADIS, & NIQUE'E.

ZIRPHE'E.

TOus vos maux ſont finis, ceſſez de vous en plaindre,
Qu'un tendre Himen vienne les reparer.
Voſtre amour n'a plus rien à craindre
Qu'il n'ait plus rien à deſirer.

AMADIS.

Ah! pouvois-je eſperer une faveur ſi grande?

NIQUE'E.

Que ne vous dois-je point pour de ſi doux bien faits.

ZIRPHE'E.

Aimez-vous à jamais,
C'eſt tout le prix que j'en demande.

Vous, qui vous empreſſez pour ſervir mes deſirs,
Par mille Jeux nouveaux, celebrez leurs plaiſirs.

SCENE DERNIERE.

NIQUE'E, AMADIS, ZIRPHE'E.

Des Esprits sous la forme de Guerriers, portent des Drapeaux où sont representez les Exploits d'Amadis. D'autres, sous la forme de divers Peuples, dont Amadis a soûtenu la gloire, portent des Couronnes ou des Trophées; & d'autres, sous la forme des Beautez les plus fameuses, viennent rendre hommage à la beauté de Niquée.

CHOEUR.

Que les Ris, que les Jeux regnent dans ces retraites,
Formons les plus charmans Concerts,
Que le bruit des Tambours, que le Son des Trompettes
En fassent retentir les Airs.

Fin du cinquiéme & dernier Acte.

www.ingramcontent.com/pod-product-compliance
Ingram Content Group UK Ltd.
Pitfield, Milton Keynes, MK11 3LW, UK
UKHW020427180726
13839UKWH00003B/1399